TRANSFORMANDO CANDLE EM DINHEIRO

CAUE VICENTE

Introdução

No mundo do mercado financeiro, as decisões de investimento são frequentemente baseadas em análise técnica, uma técnica de análise de ativos que se concentra em dados históricos de preços e volume de negociação para identificar tendências e padrões que possam ajudar a prever futuros movimentos do mercado.

Este livro é para aqueles que desejam usar a análise técnica para tomar decisões de investimento rentáveis. Mais especificamente, vamos nos concentrar em como usar a análise técnica em gráficos de vela para identificar oportunidades de negociação no mercado financeiro.

Ao longo deste livro, abordaremos conceitos básicos de análise técnica, incluindo a identificação de tendências, suportes e resistências, indicadores e padrões de candlestick. Além disso, exploraremos estratégias de negociação com a análise técnica, gerenciamento de risco e dicas práticas para melhorar suas habilidades analíticas.

Este livro não é um guia definitivo para investir no mercado financeiro, mas sim um recurso valioso para aqueles que desejam usar a análise técnica para tomar decisões informadas e rentáveis.

- Introdução à Análise Técnica: Conceitos Básicos e Histórico
- Como Identificar Tendências do Mercado com Gráficos de Vela
- Os Indicadores Mais Usados na Análise Técnica: Médias Móveis, RSI e MACD
- Identificando Suportes e Resistências no Gráfico de Vela
- A Importância dos Padrões de Candlestick na Tomada de Decisão
- Análise de Volume: Como Identificar o Comportamento dos Investidores
- Como Usar Fibonacci na Análise Técnica
- Estratégias de Negociação Usando a Análise Técnica
- Gerenciamento de Risco na Negociação com Análise Técnica
- Como Usar a Análise Técnica no Mercado de Ações
- Como Usar a Análise Técnica no Mercado de Criptomoedas
- Como Usar a Análise Técnica no Mercado de Forex
- Dicas Práticas para Melhorar sua Análise Técnica
- Erros Comuns na Análise Técnica e Como Evitá-los
- Conclusão: Usando a Análise Técnica para Transformar Vela do Mercado Financeiro em Dinheiro

Capítulo 1: Introdução à Análise Técnica: Conceitos Básicos e Histórico

Antes de mergulharmos na análise técnica, é importante entender os conceitos básicos e a história por trás dessa técnica de análise de ativos.

A análise técnica se concentra na observação de dados históricos de preços e volume de negociação para identificar tendências e padrões que possam ajudar a prever futuros movimentos do mercado. Em outras palavras, os analistas técnicos acreditam que a ação do preço e o volume de negociação podem fornecer informações valiosas sobre a oferta e demanda de um ativo e, assim, ajudar a prever futuros movimentos do mercado.

A história da análise técnica remonta ao final do século XIX, quando Charles Dow publicou uma série de artigos no The Wall Street Journal, nos quais ele observou que os preços dos ativos seguem uma tendência geral e que essa tendência pode ser dividida em três partes: uma fase de acumulação, uma fase de avanço e uma fase de distribuição. Essa observação levou à criação do índice Dow Jones Industrial Average, que é usado até hoje como um indicador da saúde do mercado de ações dos Estados Unidos.

Desde então, a análise técnica evoluiu e se tornou uma técnica de análise de ativos amplamente utilizada em todo o mundo. Os analistas técnicos usam gráficos e indicadores para identificar tendências e padrões de preços que possam ajudá-los a prever futuros movimentos do mercado.

Neste livro, nos concentraremos na análise técnica em gráficos de vela. Os gráficos de vela são uma forma popular de representar dados de preços em que cada vela representa um período de tempo (por exemplo, um dia). Cada vela possui um corpo que representa a diferença entre o preço de abertura e fechamento do ativo e sombras que representam os preços mínimos e máximos alcançados durante o período.

Nos próximos capítulos, exploraremos como usar gráficos de vela e indicadores para identificar oportunidades de negociação rentáveis no mercado financeiro.

Capítulo 2: Como Identificar Tendências do Mercado com Gráficos de Vela

Uma das principais vantagens da análise técnica em gráficos de vela é que ela permite que os investidores identifiquem tendências do mercado de forma clara e visual. As tendências podem ser definidas como movimentos de preços em uma direção específica, seja para cima (tendência de alta) ou para baixo (tendência de baixa).

Para identificar tendências em um gráfico de vela, os investidores geralmente usam uma combinação de indicadores e análise visual. Uma das maneiras mais simples de identificar uma tendência é olhar para o preço do ativo em relação à sua média móvel. Uma média móvel é uma média dos preços de um ativo em um determinado período de tempo. Se o preço do ativo estiver acima da média móvel, isso pode indicar uma tendência de alta, enquanto se o preço estiver abaixo da média móvel, pode indicar uma tendência de baixa.

Outra maneira de identificar tendências é usando linhas de tendência. Uma linha de tendência é uma linha reta que conecta os pontos de preço mais altos ou mais baixos em um gráfico de vela. Se a linha de tendência estiver inclinada para cima, isso pode indicar uma tendência de alta, enquanto se a linha de tendência estiver inclinada para baixo, pode indicar uma tendência de baixa.

Além disso, os investidores também podem usar indicadores como o Índice de Força Relativa (RSI) ou o Moving Average Convergence Divergence (MACD) para identificar tendências. Esses indicadores podem ajudar a confirmar uma tendência e fornecer informações adicionais sobre a força ou fraqueza de uma tendência.

Em resumo, identificar tendências do mercado é fundamental na análise técnica e pode ajudar os investidores a tomar decisões informadas de compra e venda. O uso de indicadores e análise visual em gráficos de vela pode ajudar a identificar tendências com clareza e precisão.

Capítulo 3: Os Indicadores Mais Usados na Análise Técnica: Médias Móveis, RSI e MACD

Os indicadores são uma parte fundamental da análise técnica em gráficos de vela. Eles são usados para fornecer informações adicionais sobre a direção e força do mercado e ajudar os investidores a tomar decisões informadas de compra e venda.

Neste capítulo, discutiremos três dos indicadores mais usados na análise técnica: Médias Móveis, Índice de Força Relativa (RSI) e Moving Average Convergence Divergence (MACD).

Médias Móveis

As médias móveis são um dos indicadores mais simples e amplamente usados na análise técnica. Como mencionado anteriormente, uma média móvel é uma média dos preços de um ativo em um determinado período de tempo. As médias móveis podem ser calculadas para qualquer período de tempo, como 10 dias, 50 dias ou 200 dias.

As médias móveis podem ajudar a identificar tendências do mercado de forma clara e visual. Quando o preço de um ativo está acima de sua média móvel, pode indicar uma tendência de alta, enquanto quando o preço está abaixo de sua média móvel, pode indicar uma tendência de baixa.

Índice de Força Relativa (RSI)

O RSI é um indicador de momentum que mede a força e velocidade das mudanças de preço. O indicador RSI varia de 0 a 100 e é calculado usando uma fórmula que leva em consideração o número de dias em que o preço subiu em relação ao número de dias em que o preço caiu.

O RSI é frequentemente usado para identificar condições de sobrecompra ou sobrevenda no mercado. Quando o RSI está acima de 70, pode indicar uma condição de sobrecompra, enquanto quando o RSI está abaixo de 30, pode indicar uma condição de sobrevenda.

Moving Average Convergence Divergence (MACD)

O MACD é um indicador de momentum que combina duas médias móveis em um único indicador. O indicador MACD é calculado subtraindo a média móvel exponencial de 26 dias da média móvel exponencial de 12 dias. Em seguida, é traçada uma linha de sinal de 9 dias para fornecer sinais de compra e venda.

O MACD pode ajudar a identificar mudanças na direção do mercado e fornecer sinais de compra e venda. Quando o MACD cruza acima da linha de sinal, pode indicar uma tendência de alta e um sinal de compra, enquanto quando o MACD cruza abaixo da linha de sinal, pode indicar uma tendência de baixa e um sinal de venda.

Em resumo, os indicadores são uma parte importante da análise técnica em gráficos de vela. As médias móveis, RSI e MACD são apenas alguns dos muitos indicadores disponíveis para os investidores. O uso desses indicadores pode ajudar a identificar tendências do mercado e fornecer sinais de compra e venda.

Capítulo 4: Identificando Suportes e Resistências no Gráfico de Vela

Suportes e resistências são níveis de preços em um gráfico de vela em que o preço tende a parar ou reverter sua tendência. Identificar suportes e resistências é importante na análise técnica, pois pode ajudar os investidores a tomar decisões informadas de compra e venda.

Existem várias maneiras de identificar suportes e resistências no gráfico de vela. Uma das maneiras mais simples é olhar para o preço do ativo e identificar onde ele parou de subir ou cair em um determinado período de tempo. Esses níveis de preço podem ser marcados no gráfico de vela como linhas horizontais e usados como suportes ou resistências futuras.

Outra maneira de identificar suportes e resistências é usando linhas de tendência. Uma linha de tendência é uma linha reta que conecta os pontos de preço mais altos ou mais baixos em um gráfico de vela. Quando o preço atinge uma linha de tendência, ela pode agir como um suporte ou resistência, dependendo da direção da linha de tendência.

Os indicadores também podem ser usados para identificar suportes e resistências. O indicador Moving Average Convergence Divergence (MACD), por exemplo, pode ser usado para identificar suportes e resistências dinâmicos. Quando o MACD cruza acima de sua linha de sinal, pode indicar um suporte dinâmico, enquanto quando o MACD cruza abaixo de sua linha de sinal, pode indicar uma resistência dinâmica.

Em resumo, identificar suportes e resistências no gráfico de vela é uma parte importante da análise técnica. Os investidores podem usar várias técnicas para identificar suportes e resistências, incluindo linhas horizontais, linhas de tendência e indicadores. Identificar esses níveis de preço pode ajudar os investidores a tomar decisões informadas de compra e venda.

Capítulo 5: A Importância dos Padrões de Candlestick na Tomada de Decisão

Os padrões de candlestick são uma parte importante da análise técnica em gráficos de vela. Esses padrões são formados pelos corpos e sombras das velas em um gráfico e podem fornecer informações valiosas sobre a direção e força do mercado.

Existem muitos padrões de candlestick diferentes, cada um com sua própria interpretação. Alguns dos padrões mais comuns incluem:

Martelo: um padrão de alta que pode indicar uma reversão da tendência de baixa.

Estrela Cadente: um padrão de baixa que pode indicar uma reversão da tendência de alta.

Engolfo de alta: um padrão de alta que pode indicar uma continuação da tendência de alta.

Engolfo de baixa: um padrão de baixa que pode indicar uma continuação da tendência de baixa.

Os padrões de candlestick podem ser usados em conjunto com outros indicadores e análises técnicas para tomar decisões informadas de compra e venda. Por exemplo, um investidor pode usar um padrão de candlestick para identificar uma possível reversão da tendência e, em seguida, confirmar essa reversão com um indicador como o Índice de Força Relativa (RSI).

É importante lembrar que os padrões de candlestick não são infalíveis e devem ser usados em conjunto com outras análises técnicas e informações de mercado. Além disso, os investidores devem sempre considerar fatores externos, como notícias e eventos econômicos, ao tomar decisões de investimento.

Em resumo, os padrões de candlestick são uma parte importante da análise técnica em gráficos de vela. Esses padrões podem fornecer informações valiosas sobre a direção e força do mercado e podem ser usados em conjunto com outros indicadores e análises técnicas para tomar decisões informadas de compra e venda.

Capítulo 6: Como Usar Análise Fundamental em Conjunto com Análise Técnica

A análise técnica em gráficos de vela é uma técnica popular de análise de mercado, mas é importante lembrar que ela não é a única maneira de avaliar um ativo. A análise fundamental é outra técnica importante de avaliação de ativos que os investidores podem usar em conjunto com a análise técnica.

A análise fundamental envolve a avaliação dos fundamentos de uma empresa ou ativo, como seu desempenho financeiro, gerenciamento, indústria e economia geral. Os investidores podem usar a análise fundamental para avaliar o valor intrínseco de um ativo e determinar se ele está subvalorizado ou superestimado em relação ao seu valor real.

Ao usar a análise fundamental em conjunto com a análise técnica em gráficos de vela, os investidores podem obter uma imagem mais completa e precisa do mercado. Por exemplo, um investidor pode usar a análise técnica para identificar uma tendência de alta em um ativo e, em seguida, usar a análise fundamental para avaliar o desempenho financeiro da empresa que emite o ativo e determinar se o ativo está subvalorizado ou superestimado em relação ao seu valor real.

É importante lembrar que a análise fundamental e a análise técnica são duas técnicas diferentes e que ambas têm suas próprias limitações e desafios. Por exemplo, a análise técnica pode ser limitada pela volatilidade do mercado e pela influência de eventos imprevistos, enquanto a análise fundamental pode ser limitada pela dificuldade de avaliar fatores intangíveis, como a qualidade da gestão da empresa.

Em resumo, a análise técnica e a análise fundamental são duas técnicas importantes de avaliação de ativos que os investidores podem usar em conjunto para obter uma imagem mais completa e precisa do mercado. Ao usar essas técnicas em conjunto, os investidores podem tomar decisões de investimento mais informadas e fundamentadas.

Capítulo 7: Como Usar a Análise Técnica para Gerenciamento de Risco

O gerenciamento de risco é uma parte fundamental do investimento bem-sucedido. A análise técnica em gráficos de vela pode ser uma ferramenta valiosa para ajudar os investidores a gerenciar riscos e proteger seus investimentos.

Uma das maneiras mais simples de usar a análise técnica para gerenciamento de risco é estabelecer níveis de stop loss. Um stop loss é um preço pré-determinado em que um investidor venderá um ativo se o preço cair abaixo desse nível. Estabelecer um stop loss pode ajudar a limitar as perdas em caso de queda do mercado.

Além disso, os investidores também podem usar a análise técnica para identificar áreas de suporte e resistência no mercado. Identificar essas áreas pode ajudar os investidores a estabelecer níveis de stop loss mais precisos e informados. Por exemplo, um investidor pode estabelecer um stop loss logo abaixo de um nível de suporte importante no mercado.

Outra técnica de gerenciamento de risco é a diversificação de investimentos. A análise técnica pode ajudar os investidores a identificar ativos que estão em tendências diferentes ou que têm baixa correlação. Investir em ativos com baixa correlação pode ajudar a reduzir o risco global do portfólio e proteger contra perdas em caso de queda do mercado.

Por fim, os investidores também podem usar a análise técnica para identificar oportunidades de negociação de curto prazo. Negociações de curto prazo podem ser mais arriscadas do que investimentos de longo prazo, mas podem oferecer maiores oportunidades de lucro. Ao usar a análise técnica para identificar tendências do mercado de curto prazo, os investidores podem tomar decisões de negociação mais informadas e gerenciar riscos mais efetivamente.

Em resumo, a análise técnica em gráficos de vela pode ser uma ferramenta valiosa para ajudar os investidores a gerenciar riscos e proteger seus investimentos. Estabelecer níveis de stop loss, identificar áreas de suporte e resistência, diversificar investimentos e identificar oportunidades de negociação de curto prazo são apenas algumas das maneiras pelas quais os investidores podem usar a análise técnica para gerenciamento de risco.

Capítulo 8: Como Evitar os Principais Erros na Análise Técnica

A análise técnica em gráficos de vela pode ser uma ferramenta valiosa para ajudar os investidores a tomar decisões informadas de compra e venda. No entanto, há vários erros comuns que os investidores podem cometer ao usar a análise técnica. Neste capítulo, discutiremos alguns dos principais erros na análise técnica e como evitá-los.

Confundir correlação com causalidade

Um erro comum na análise técnica é confundir correlação com causalidade. A correlação é quando dois ativos têm um padrão semelhante de movimento de preços, mas não há relação causal entre eles. Causalidade, por outro lado, é quando há uma relação causal entre dois ativos. Os investidores devem ter cuidado ao fazer suposições sobre a relação entre ativos com base apenas na correlação.

Focar em um único indicador

Outro erro comum na análise técnica é focar em um único indicador e ignorar outros fatores importantes, como notícias econômicas e eventos do mercado. Os investidores devem usar uma variedade de indicadores e análises técnicas em conjunto para obter uma imagem mais completa e precisa do mercado.

Não ter um plano de negociação

Não ter um plano de negociação é outro erro comum na análise técnica. Um plano de negociação é um conjunto de regras que um investidor segue ao tomar decisões de compra e venda. Ter um plano de negociação pode ajudar os investidores a tomar decisões mais informadas e disciplinadas.

Ignorar o risco

Ignorar o risco é um erro comum na análise técnica. Os investidores devem sempre considerar o risco ao tomar decisões de compra e venda e usar técnicas de gerenciamento de risco, como estabelecer níveis de stop loss e diversificar investimentos.

Não atualizar a análise

Não atualizar a análise é outro erro comum na análise técnica. Os investidores devem sempre atualizar sua análise técnica para levar em consideração mudanças no mercado e novas informações. Ignorar mudanças no mercado pode levar a decisões informadas e perdas financeiras.

Em resumo, evitar esses erros comuns pode ajudar os investidores a usar a análise técnica de forma mais eficaz e tomar decisões informadas de compra e venda. Os investidores devem sempre lembrar de considerar fatores externos e ter um plano de negociação claro e disciplinado ao usar a análise técnica.

Capítulo 9: Como a Análise Técnica Pode Ser Usada em Diferentes Tipos de Mercados

A análise técnica em gráficos de vela pode ser usada em diferentes tipos de mercados, incluindo mercados de ações, mercados de commodities e mercados de criptomoedas. Neste capítulo, discutiremos como a análise técnica pode ser usada em diferentes tipos de mercados.

Mercados de ações

A análise técnica em gráficos de vela é uma técnica popular de análise de mercado em mercados de ações. Os investidores podem usar a análise técnica para identificar tendências do mercado, suportes e resistências e padrões de candlestick em ações individuais ou no mercado como um todo.

Mercados de commodities

A análise técnica também pode ser usada em mercados de commodities, como ouro, petróleo e grãos. Os investidores podem usar a análise técnica para identificar tendências de preços e padrões de candlestick em gráficos de vela de commodities. Além disso, os investidores também podem usar a análise técnica para avaliar a demanda e a oferta de commodities e tomar decisões informadas de compra e venda.

Mercados de criptomoedas

Os mercados de criptomoedas são conhecidos por sua volatilidade, mas a análise técnica pode ser usada para ajudar os investidores a tomar decisões informadas de compra e venda. Os investidores podem usar a análise técnica para identificar tendências de preços em gráficos de vela de criptomoedas e identificar suportes e resistências importantes.

Mercados Forex

O mercado Forex é o maior mercado financeiro do mundo e é conhecido por sua volatilidade. A análise técnica pode ser usada em mercados Forex para identificar tendências do mercado, suportes e resistências e padrões de candlestick em pares de moedas individuais ou no mercado como um todo.

Em resumo, a análise técnica em gráficos de vela pode ser usada em diferentes tipos de mercados, incluindo mercados de ações, mercados de commodities, mercados de criptomoedas e mercados Forex. Os investidores podem usar a análise técnica para identificar tendências do mercado, suportes e resistências e padrões de candlestick em cada tipo de mercado.

Capítulo 10: Como Usar a Análise Técnica em Diferentes Prazos

A análise técnica em gráficos de vela pode ser usada em diferentes prazos, incluindo prazos de curto, médio e longo prazo. Neste capítulo, discutiremos como a análise técnica pode ser usada em diferentes prazos.

Prazos de curto prazo

Os prazos de curto prazo geralmente envolvem períodos de um dia ou menos. A análise técnica pode ser usada em prazos de curto prazo para identificar tendências do mercado, suportes e resistências e padrões de candlestick em gráficos de vela. Investidores que usam prazos de curto prazo muitas vezes realizam negociações de curto prazo, que podem ser mais arriscadas, mas oferecem maiores oportunidades de lucro.

Prazos de médio prazo

Os prazos de médio prazo geralmente envolvem períodos de semanas a meses. A análise técnica pode ser usada em prazos de médio prazo para identificar tendências do mercado e padrões de candlestick em gráficos de vela. Investidores que usam prazos de médio prazo muitas vezes procuram oportunidades de investimento de longo prazo, mas ainda assim realizam negociações de curto prazo.

Prazos de longo prazo

Os prazos de longo prazo geralmente envolvem períodos de meses a anos. A análise técnica pode ser usada em prazos de longo prazo para identificar tendências do mercado, suportes e resistências e padrões de candlestick em gráficos de vela. Investidores que usam prazos de longo prazo muitas vezes buscam investimentos de longo prazo, que geralmente oferecem retornos mais baixos, mas são mais seguros e estáveis.

É importante lembrar que a análise técnica não é infalível e que investidores devem sempre considerar fatores externos, como notícias e eventos econômicos, ao tomar decisões de compra e venda. Além disso, os investidores devem sempre considerar seu próprio perfil de risco e objetivos de investimento ao escolher o prazo de suas análises técnicas.

Em resumo, a análise técnica em gráficos de vela pode ser usada em diferentes prazos, incluindo prazos de curto, médio e longo prazo. Investidores podem usar a análise técnica para identificar tendências do mercado, suportes e resistências e padrões de candlestick em cada prazo. No entanto, é importante lembrar que a análise técnica não é infalível e que outros fatores externos devem ser levados em consideração ao tomar decisões de investimento.

Capítulo 11: Como Combinar a Análise Técnica com a Análise Fundamentalista

A análise técnica e a análise fundamentalista são duas técnicas diferentes de análise de mercado. A análise técnica se concentra em padrões de preços e tendências do mercado, enquanto a análise fundamentalista se concentra em fatores econômicos, financeiros e empresariais que afetam o valor dos ativos. Neste capítulo, discutiremos como combinar a análise técnica com a análise fundamentalista para tomar decisões informadas de compra e venda.

Identificar tendências e padrões de preços

A análise técnica pode ser usada para identificar tendências do mercado e padrões de preços em gráficos de vela. A análise fundamentalista pode ser usada para entender os fatores que estão impulsionando essas tendências e padrões de preços. Por exemplo, se um investidor perceber uma tendência de alta em um ativo usando a análise técnica, a análise fundamentalista pode ser usada para entender por que o preço está subindo e se essa tendência é sustentável.

Avaliar o valor intrínseco de um ativo

A análise fundamentalista pode ser usada para avaliar o valor intrínseco de um ativo, enquanto a análise técnica pode ser usada para identificar oportunidades de compra e venda com base no preço atual do ativo. Por exemplo, se a análise fundamentalista de uma empresa mostrar que ela está subvalorizada em relação ao seu valor intrínseco, a análise técnica pode ser usada para identificar o momento certo para comprar o ativo.

Considerar eventos econômicos e políticos

A análise fundamentalista pode ajudar os investidores a entender como eventos econômicos e políticos podem afetar o valor dos ativos. A análise técnica pode ser usada para identificar como os preços dos ativos estão reagindo a esses eventos e para identificar oportunidades de compra e venda com base nessas reações.

Gerenciamento de risco

A análise técnica e a análise fundamentalista podem ser usadas em conjunto para gerenciamento de risco. Os investidores podem usar a análise fundamentalista para avaliar a qualidade e a solidez de uma empresa e a análise técnica para identificar oportunidades de compra e venda com base no preço atual do ativo.

Em resumo, combinar a análise técnica com a análise fundamentalista pode ajudar os investidores a tomar decisões informadas de compra e venda. A análise técnica pode ser usada para identificar tendências e padrões de preços, enquanto a análise fundamentalista pode ser usada para avaliar o valor intrínseco de um ativo e entender como eventos econômicos e políticos afetam o valor dos ativos.

Capítulo 12: Como Identificar e Usar os Indicadores Técnicos Mais Populares

Existem muitos indicadores técnicos diferentes que os investidores podem usar em gráficos de vela para ajudar a identificar tendências do mercado e oportunidades de compra e venda. Neste capítulo, discutiremos alguns dos indicadores técnicos mais populares e como usá-los em sua análise técnica.

Médias móveis

As médias móveis são uma ferramenta popular de análise técnica que mostra a média dos preços de um ativo em um período de tempo específico. As médias móveis podem ser usadas para identificar tendências de longo prazo e de curto prazo. As médias móveis mais comuns são as de 50 e 200 dias.

Bandas de Bollinger

As bandas de Bollinger são uma técnica de análise técnica que utiliza uma banda de desvio padrão em torno de uma média móvel para identificar tendências e volatilidade. As bandas de Bollinger podem ser usadas para identificar oportunidades de compra e venda quando o preço de um ativo se aproxima da banda superior ou inferior.

Índice de Força Relativa (RSI)

O RSI é um indicador técnico que mede a força e a direção de uma tendência do mercado. O RSI é medido em uma escala de 0 a 100 e pode ser usado para identificar tendências de alta e de baixa e oportunidades de compra e venda.

MACD

O MACD é um indicador técnico que usa médias móveis para identificar mudanças de tendência no mercado. O MACD pode ser usado para identificar sinais de compra e venda com base em mudanças na direção e na força da tendência do mercado.

Estocástico

O estocástico é um indicador técnico que usa a posição atual de um preço em relação ao intervalo de preços de um período de tempo específico para identificar tendências e oportunidades de compra e venda. O estocástico pode ser usado para identificar quando um ativo está sobrecomprado ou sobrevendido.

Fibonacci

O nível de Fibonacci é uma técnica de análise técnica que usa números da sequência de Fibonacci para identificar níveis de suporte e resistência no mercado. Os níveis de Fibonacci mais comuns são 23,6%, 38,2%, 50%, 61,8% e 100%.

Em resumo, os indicadores técnicos mais populares, como médias móveis, bandas de Bollinger, RSI, MACD, estocástico e níveis de Fibonacci, podem ser usados em gráficos de vela para ajudar os investidores a identificar tendências do mercado e oportunidades de compra e venda. Investidores devem experimentar com diferentes indicadores técnicos e usar uma combinação de indicadores para obter uma imagem mais completa e precisa do mercado.

Capítulo 13: Como Gerenciar o Risco na Análise Técnica

A análise técnica pode ser uma técnica útil para identificar tendências do mercado e oportunidades de compra e venda, mas também envolve riscos. Neste capítulo, discutiremos algumas estratégias para gerenciar o risco na análise técnica.

Definir um Stop Loss

Um stop loss é uma ordem de venda automática que é acionada quando o preço de um ativo atinge um determinado valor. Definir um stop loss pode ajudar a limitar as perdas em uma negociação. É importante definir um stop loss com base em sua tolerância ao risco e no tamanho de sua posição.

Usar uma Gestão de Posição

A gestão de posição envolve ajustar o tamanho de sua posição com base no risco envolvido em uma negociação. A gestão de posição pode ajudar a reduzir o risco de perdas significativas. Uma técnica popular de gestão de posição é a técnica de "risco 2%", que envolve arriscar apenas 2% do capital em cada negociação.

Diversificar seu portfólio

Diversificar seu portfólio pode ajudar a reduzir o risco geral. Isso envolve investir em uma variedade de ativos, setores e mercados. Ao diversificar seu portfólio, você pode reduzir o risco de perdas significativas em uma única negociação ou ativo.

Manter-se atualizado com as notícias e eventos econômicos

Manter-se atualizado com as notícias e eventos econômicos pode ajudar a identificar potenciais riscos no mercado e ajudar a evitar perdas significativas. É importante estar ciente de eventos que podem afetar os preços dos ativos e ajustar suas negociações de acordo.

Usar uma abordagem de longo prazo

Usar uma abordagem de longo prazo pode ajudar a reduzir o risco de flutuações de curto prazo no mercado. Investir em ativos de longo prazo pode ajudar a reduzir a volatilidade do mercado e proporcionar um retorno mais estável ao longo do tempo.

Em resumo, a análise técnica envolve riscos, mas os investidores podem usar técnicas de gerenciamento de risco, como definir um stop loss, usar uma gestão de posição, diversificar seu portfólio, manter-se atualizado com as notícias e eventos econômicos e usar uma abordagem de longo prazo para ajudar a reduzir o risco e maximizar o potencial de lucro.

Capítulo 14: Como Evitar Armadilhas na Análise Técnica

Embora a análise técnica possa ser uma ferramenta valiosa para investidores, existem algumas armadilhas que os investidores devem estar cientes. Neste capítulo, discutiremos algumas das armadilhas comuns na análise técnica e como evitá-las.

Overtrading

Overtrading é quando um investidor realiza muitas negociações com base em sinais técnicos de curto prazo. Overtrading pode levar a perdas significativas e reduzir o potencial de lucro a longo prazo. Para evitar overtrading, os investidores devem se concentrar em sinais técnicos mais fortes e ter um plano de negociação claro.

Interpretar mal os sinais técnicos

Interpretar mal os sinais técnicos pode levar a negociações perdidas e perdas significativas. Os investidores devem ter uma compreensão clara dos indicadores técnicos que estão usando e como eles devem ser interpretados. Além disso, os investidores devem evitar interpretar sinais técnicos isolados e sempre considerar outros fatores, como notícias e eventos econômicos.

Ignorar a análise fundamentalista

A análise técnica pode ser útil na identificação de tendências e padrões de preços, mas a análise fundamentalista é igualmente importante para entender o valor intrínseco de um ativo. Ignorar a análise fundamentalista pode levar a decisões de investimento equivocadas e perdas significativas. Os investidores devem usar uma combinação de análise técnica e fundamentalista para obter uma visão mais completa e precisa do mercado.

Falha na gestão de risco

A gestão de risco é essencial na análise técnica para evitar perdas significativas. Os investidores devem usar técnicas de gestão de risco, como definir um stop loss, usar uma gestão de posição, diversificar seu portfólio e manter-se atualizado com as notícias e eventos econômicos. Falhar na gestão de risco pode levar a perdas significativas e afetar negativamente o potencial de lucro a longo prazo.

Seguir cegamente recomendações de terceiros

Seguir cegamente recomendações de terceiros pode levar a decisões de investimento equivocadas e perdas significativas. Os investidores devem sempre fazer sua própria pesquisa e análise antes de tomar decisões de compra e venda. É importante lembrar que cada investidor tem um perfil de risco e objetivos de investimento diferentes, e recomendações de terceiros podem não ser adequadas para todos.

Em resumo, a análise técnica pode ser uma ferramenta valiosa para investidores, mas existem algumas armadilhas que os investidores devem estar cientes. Para evitar essas armadilhas, os investidores devem se concentrar em sinais técnicos mais fortes, ter uma compreensão clara dos indicadores técnicos, usar uma combinação de análise técnica e fundamentalista, aplicar técnicas de gestão de risco e fazer sua própria pesquisa e análise antes de tomar decisões de compra e venda.

Capítulo 15: Como Usar a Análise Técnica para Investir com Sucesso

A análise técnica pode ser uma técnica poderosa para investidores, mas requer um conhecimento sólido e uma abordagem disciplinada para ser bem-sucedida. Neste capítulo, discutiremos algumas dicas para usar a análise técnica para investir com sucesso.

Tenha um plano de negociação claro

Um plano de negociação claro é essencial para o sucesso na análise técnica. Um plano de negociação deve incluir sua estratégia de investimento, objetivos de lucro e perda, níveis de entrada e saída e técnicas de gerenciamento de risco. Ter um plano de negociação claro ajudará a evitar decisões emocionais e a manter a disciplina durante negociações.

Use indicadores técnicos que você entende

Os indicadores técnicos podem ser complexos e difíceis de entender. É importante usar indicadores técnicos que você entenda e possa interpretar corretamente. Isso ajudará a evitar interpretações equivocadas e a tomar decisões de negociação mais informadas.

Aprenda com suas negociações anteriores

A análise técnica envolve muitas tentativas e erros. Aprender com suas negociações anteriores pode ajudar a aprimorar sua estratégia de investimento e melhorar suas habilidades de análise técnica. Mantenha um registro de suas negociações anteriores e reveja-as regularmente para identificar áreas de melhoria.

Aplique a gestão de risco

A gestão de risco é essencial na análise técnica para minimizar perdas e maximizar o potencial de lucro a longo prazo. Aplique técnicas de gestão de risco, como definir um stop loss, usar uma gestão de posição, diversificar seu portfólio e manter-se atualizado com as notícias e eventos econômicos.

Seja disciplinado e paciente

A análise técnica requer disciplina e paciência para ser bem-sucedida. Não se deixe levar pelas emoções e evite fazer negociações impulsivas. Seja paciente e espere por sinais técnicos fortes antes de fazer uma negociação.

Em resumo, para usar a análise técnica para investir com sucesso, é importante ter um plano de negociação claro, usar indicadores técnicos que você entende, aprender com suas negociações anteriores, aplicar a gestão de risco e ser disciplinado e paciente. A análise técnica pode ser uma técnica poderosa para investidores, mas requer uma abordagem disciplinada e informada para ser bem-sucedida.